Vers un Sens de la Vie

# LA TERRE EST ECLAIREE

Les peintures d'Ampéwi Nunpa
et les Textes d'Eliza.n

sont sous Copyright de www.Sens-de-la-Vie.com

LA TERRE EST ECLAIREE

@ 2016, Vers un Sens de la Vie
www.sens-de-la-vie.com
www.versunsensdelavie.com
Editeur : BoD – Book on Demand,
12/14 rond-point des Champs Elysées, 75006 PARIS
Impression : BoD – Book on Demand, Allemagne
ISBN : 9782810627394
Dépôt légal : février 2016

# LA TERRE EST ECLAIREE

# PROLOGUE

# MON FRÈRE

" La bonne Etoile " - copyright sens-de-la-vie.com

*Mon frère dort,*
*à l'autre bout du monde,*
*et je veille.*

*Je dors,*
*et mon frère,*
*à l'autre bout du monde,*
*veille.*

*Danse éternelle du yin et du yang,*
*depuis les premiers jours du monde.*

*Veiller...*
*ET S'ÉVEILLER !*

La Terre a mal,
et appelle les endormis que nous sommes
à S'ÉVEILLER,

à se lever avec l'aurore,
à se tenir au plus près d'elle,
à la veiller,
tandis qu'elle agonise...

Elle qui, tant de fois,
nous a portés, nous a nourris,
nous a aimés,
servi de berceau et de tombe...

A la veiller encore,
quand le soir tombe,

à passer le relais
à tous les frères
de l'autre bout du monde,
à toutes les soeurs,

tant qu'il est encore temps,
avant la fin des humains
de cette planète.

L'Esprit de l'Univers a mal,
et appelle tous les endormis,
de tous les mondes,

à S'ÉVEILLER,

*à se tenir sous les étoiles,
dans leurs robes de lumière,
à participer enfin,
au banquet préparé
pour chaque moment d'Éternité.*

Mon frère S'Éveille,
à l'autre bout du monde.

## L'ABEILLE DANS LA LUMIÈRE DU SOIR

" L'Innocence de l'Aube "
copyright sens-de-la-vie.com

Une musique pure et douce
s'élève du fond de la nuit,
et parle de dénouement qui s'approche,
de destins entrelacés depuis la nuit des temps.

Les heures passent, l'insouciant plaisante...
La gravité, sobre et belle, croît vers la lumière.

Prenons refuge en nous-mêmes
et veillons, immobiles au centre du Cercle.

Les langueurs de l'enfance sont terminées,
les années de pénitence arrivent à leur terme,
comme ce fut long !!!

Aimer est bien, mais n'est pas Le Bien,
Car pouvoir aimer implique de pouvoir haïr,
en conséquence, ne plus aimer selon ce monde
est une qualité supérieure de l'harmonie.

Etre ensemble est doux,
mais implique la douleur de la séparation.
Déposer ce besoin ouvre le coeur
à une attention constante à La Présence.

Car, devenus indifféremment capables d'œuvrer
dans la présence ou dans l'éloignement,
tout cesse d'être relatif pour devenir absolu :
le plaisir, l'amour, ainsi que tout autre bienfait.

\*\*\*

Dans la lumière du soir,
la fleur mauve se balance sur un souffle de vent...
Quelles que soient les apparences,
ce qui Est, de par son Essence même,
n'appelle aucune crainte !

Simplement parce que Cela Est en Essence.

Tout comme l'Essence du feu ne disparaît pas
lorsque la braise s'éteint….
et quelle Joie de faire Un avec cette
connaissance!

Qu'il fasse nuit,
ou qu'une magnifique lumière dorée
baigne les fleurs de l'été,
en réalité, il ne fait jamais ni jour ni nuit,
mais tout à la fois constamment jour et nuit.

De sorte que, baignés dans l'Essence même
du jour et de la nuit,
aucun choix, effort ou aversion
n'est nécessaire.

\*\*\*

Etre mécréant peut ne pas être enviable.
Etre chrétien, musulman, bouddhiste, juif…
peut être profitable.
Ne plus s'identifier à quoi que ce soit de tout cela
ouvre vers un état supérieur de compréhension.

Ainsi donc, « Je » ne peut qu'être Rien !
Car si « Je » était quelque chose,
il cesserait, par le fait même, d'être Tout.

En voyant l'abeille danser
dans la lumière dorée du soir,
il devient soudain évident
que tout culte rendu à quiconque
dans quelque temple
construit de main d'homme,
est perversion et éloignement de l'état initié
par Siddharta ou par Jésus.

Simplement Etre, consciemment,
ce que nous sommes déjà depuis toujours,
et nous laisser porter sur le fil de l'in-sistance.

NOURRIR L'ARBRE
EST-IL UN FARDEAU POUR LA RACINE

L'accomplissement,
peut mettre le masque de la douleur
et du désespoir…
Cependant et contre toute apparence,
l'issue est certaine,
nulle tension n'est utile à son propos.

Ce qui Est préparé
crée une matrice dans la vibration de l'Univers
et germera en son temps !

**Tout est déjà bien.**

## LA TERRE EST ECLAIREE.

# ETRANGE ALLÉGRESSE

" La Migration "
copyright sens-de-la-vie.com

Etrange allégresse, ce soir !
Une très ancienne promesse
est sur le point de s'accomplir.
Faite dans la douleur,
elle s'accomplit dans la danse et le rire.

Etrange soir, plein d'allégresse,
musique sereine qui monte
de mon âme enchantée.
Fabuleux destin,
ritournelle d'Espérance,
enfin !

Le risque est la clef,
le don est la porte !

" Nous sommes le Monde " !
Nous marchons sur un fil,
entre deux précipices,
et voilà qu'à nos yeux éblouis,
se dévoilent des cavernes de lumière,
éclairées de mille feux d'espérance.

Des notes cristallines
se glissent dans nos oreilles ravies.
Elles racontent le destin de la Terre,
de très anciennes histoires oubliées...
Joie profonde de la promesse accomplie !

# LE SECRET DU LUTHIER

" L'Isolement du Prédateur "
copyright sens-de-la-vie.com

*L'Etre est joueur !*

*Qui sait si la raison de l'existence des voiles n'est pas Sa Joie à les écarter, et à se découvrir lui même ?*

*Et la raison d'être du Temps, ton bonheur à t'habiller le coeur et à at - tendre ?*

*"Je" Suis la Voie...*

Puisque le but est le chemin et le chemin le but,
peut-être que, loin de nos yeux
qui ne savent pas voir,
chaque pierre, chaque obstacle sur le sentier
appartient à la pure félicité du but ?

Comment combler
ce qui n'a pas d'abord été évidé ?
Et comment faire vibrer
une corde qui n'a pas été tendue ?

**NI TROP, NI TROP PEU
EST LE SECRET DU LUTHIER,
NON DU LUTH.**

## *TERRE PROMISE*

" Le Regard de l'âme sur le monde "
copyright sens-de-la-vie.com

C'était une curieuse époque
que celle où nous voyions "ce monde "
se défaire sous nos yeux !

La course du temps, elle-même,
semblait différente,
en l'attente des dernières révélations.

Nos coeurs dans la détresse
n'en percevaient pas moins
la musique ténue du jour qui vient.

*Sur le tapis magique,*
*relié par un fil invisible et léger,*
*un peuple immense était en marche.*

*Peut-être allait-il disparaître aux yeux de tous*
*et rejoindre sa Terre promise ?*

**CAR LA TERRE RESTE PROMISE.**

# UNE PAROLE SAUVAGE ET INTERDITE

" L'Ordre implacable "
copyright sens-de-la-vie.com

Le temps et ses mystères referme sur nous ses bras
de chaque côté de notre histoire.
Il nous enveloppe.
Venu de si loin,
qui peut savoir où il nous mène ?

Sa lanterne à la main,
L'Hermite avance dans le noir.

Messager du Ciel, Passeur, il n'a d'autre choix
que d'éclairer encore les dormeurs,
captifs dans la cité.

C'est une Parole, sauvage et interdite,
qui ouvre la porte de la prison des douleurs.

Qui sait la prononcer devient magicien.
Pour qui sait la recevoir, cessent les tourments.

# *VEILLEURS AU CREUX DE LA NUIT*

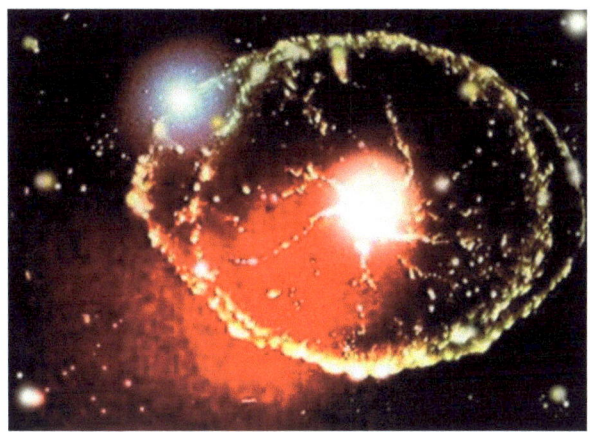

" La Source en actes "
copyright sens-de-la-vie.com

*A l'heure où s'allument
les lueurs dansantes du soir,
nous voici,
veilleurs au creux de la nuit,
recueillis au centre de nous-mêmes*

*en quête de l'Action Parfaite
au cœur du non agir.*

A l'heure de tous les espoirs
nous voici,


sentinelles immobiles et silencieuses,
reliées par un fil fragile et mystérieux
invitant notre véritable Esprit
à revenir habiter sa demeure.

A la fin des commencements,
nous voici,
gardiens de nos frères
émerveillés et résolus
au départ de nouveaux chemins,

**éveilleurs des espoirs d'un autre monde !**

# GARDIENS DE LA TERRE

" L'Inter-Action a-personnelle au coeur du Tao "
copyright sens-de-la-vie.com

*Seuls,, ils sont nés,
dans un environnement hostile.
Des souvenirs lointains
chantaient en leur mémoire.
De très anciens bonheurs,
de grands malheurs…*

*Longtemps, ils ont cherché
ce qu'ils pouvaient bien faire là
et quel était le sens de cette étrange vie.*

*Sans faire de bruit,
sans presque le savoir eux-mêmes,
ils se sont Eveillés
à leur raison d'être sur cette Planète,*

*En ces Temps de Légende,
où la destruction du Monde était imminente.*

*Mais à qui confier un tel secret ?
une telle sensation, diffuse et folle !*

*Un jour, par un hasard des plus imprévu,
venu de l'Orient, venu de l'occident,
ils se sont reconnus : Yin et Yang,
Serpents Sacrés envoyés servir les humains.*

**Protecteurs des semences,
gardiens de La Terre.**

## L'ESPRIT DE LA TERRE

" L'Esprit de la Terre "
copyright sens-de-la-vie.com

Des montagnes à perte de vue,
pas un bruit,
tout est calme et serein.

Cependant,
des bruits d'arbres qu'on abat
montent à ma conscience troublée,

LA FORET PLEURE

Et un coup de poignard
s'enfonce dans mon cœur,
encore.

Qui veut, en secret,
que nous devenions fous ?
Pour quel profit ?

Qui pourra arrêter cela ?
Crier assez fort pour être entendu ?
Se mettre en travers de cette lente agonie ?

Moi, je le peux.
Toi, tu le peux !
Nous sommes deux, nous sommes trois,
Nous sommes une multitude, déjà.

Relever ce défi,
assumer cette épreuve.

Suivre le courant,
la vie nous portera dans la joie,
quelque chose s'annonce à l'horizon,
ne le vois-tu pas ?

La cage est ouverte,
la peur ne peut plus empêcher
cette grande aventure.
le moment est venu, pour nous,
de nous exprimer.

**L'Esprit de la Terre dit :**
*« Je réponds à mes serviteurs »*

# A -LA -KE

" L'Obscurcissement de la Lumière, ou la chute "
copyright sens-de-la-vie.com

A qui confier encore ici bas
l'immense détresse du Petit Peuple ?

D'arbres coupés,
en bombes infernales
explosant au ventre de la Terre...

Où donc doivent se réfugier
lutins, fées des bois, farfadets
petits et grands animaux
qui vivaient là,
et nous ont tant de fois
et depuis si longtemps protégés ?

Génies des sources claires
et enfants innocents ?

Déjà, l'agressé est sommé de se défendre !
De fournir des arguments... emprisonné
et son cri étouffé.

Et bientôt, sur la Terre,
nul pour encore comprendre
le désarroi du Juste,
et son amour.

# CONSCIENCE

" La Piste "
copyright sens-de-la-vie.com

On vous a dit :
le noir, le deuil, la douleur,
la peur, la souffrance, l'horreur,

Il est vrai qu'en commençant le voyage,
l'illusion de ces choses se présente avec force
et éprouve chacune de nos cellules.

Pourtant, JE sais
que, lâchant prise, renonçant aux combats,
le fleuve du mental traversé,
ELLE apparaît, à notre oeil ébloui
nue, magnifique et scintillante,

*PURE FELICITE*
*dans cette évidence :*
*ELLE EST LA.*

*C'est nous, c'est ELLE, c'est ELLE en nous,*
*en tourbillons de lumière multicolore*

**CONSCIENCE**

*Réalité,*
*voilée derrière toutes les apparences,*
*les petits je, les petits nous, gisant là,,*
*enveloppes vides*

**Nous en ELLE,**
**ELLE en nous**
**A L'INFINI**

## L'ESPRIT DU CIEL

" L'Esprit du Ciel "
copyright sens-de-la-vie.com

L'Esprit du Ciel, un jour à nouveau,
épousera l'Esprit de la Terre,
en des jours de paix et d'harmonie.

Et les temps de cauchemar
ne seront plus qu'un souvenir lointain.

L'Esprit du Ciel, un jour à nouveau
se mirera dans l'eau pure
et dansera de joie avec le brin d'herbe.

La dernière armée aura fermé sa marche,
la compassion sera honorée,
les ennemis de la Terre, châtiés,
les prédateurs invisibles partis pour toujours.

Rentrés à la maison, là-bas,
en cercle autour du feu,
nous goûterons à nouveau la paix du soir
et les annonces de l'aube.

Ensemble nous rirons des malheurs anciens,
l'oiseau chantera sur le dos du bison...

C'est ce qu'ont promis le silence et le vent !

Le vacarme et les villes seront oubliés,
engloutis à jamais,

l'atome ne sera plus séparé,
l'arbre protecteur ne sera plus coupé !

**L'Esprit du Ciel,
un jour à nouveau
épousera l'esprit de la Terre
en des jours d'harmonie et de paix...**

# L'ELFE MAGIQUE

" La Rencontre surprenante "
copyright sens-de-la-vie.com

D'illusions d'ombres en lumières factices
qui nous leurrent et nous traînent
d'amourettes en faux espoirs déçus
et puis, un jour, inattendu,
au détour d'un chemin,
alors qu'on s'y attend le moins,

**Autre chose !**
Evidente et incontournable,
une lumière différente.
**Un elfe magique est passé,
La Terre est éclairée !**

# TRINITÉ

" Le Défi "
copyright sens-de-la-vie.com

Ce qui enchante l'Un
advient à travers l'Autre
par Cela même qui émane de l'Un
sans lui à part tenir ;

**et, de mystérieuse façon,
engendre un Troisième Soleil**

qui illumine et donne naissance
à Ce qui baigne et nourrit l'Autre et l'Un,
comme vagues sur la mer,
sans pour autant qu'ils ne le possèdent.

Ainsi, en une danse sans fin
il se fait,, qu'indifféremment,
l'Un et l'Autre,
proches,
sont enracinés
dans le Respect de l'Eloignement

et, éloignés,
dans la Vénération de la Proximité.

En sorte que, jamais
l'Eloignement ne puisse les blesser,
ni la Proximité les désunir.

# RESTER OU PARTIR, ET QUAND ?

" L'Union, ou le regard et la Lumière "
copyright sens-de-la-vie.com

Déjà, j'aimerais,
légère et détachée,
m'en être allée loin d'ici !
Entendre chanter les anges,
visiter des galaxies vierges de folie,
cygnes d'éternité et de paix.

Rester ou partir, et quand ?
En avons-nous vraiment le choix ?
Qui nous commande de demeurer
et d'assister à la destruction
de ce que nous aimions ?
Et pour quel mystérieux ouvrage ?

*L'histoire doit-elle se rejouer sans fin ?*

*Avoir ceci ou cela, que m'importe ?*

*Il m'importe de désapprendre,
et d'être libérée de toutes les lourdeurs,
de détacher tous les liens,*

*Hormis ce fil invisible
par lequel je vous rejoins
au delà de toute tristesse,
sur le chemin du retour,
frère (s) bien aimé (s).*

## LIBRE DANS LE CIEL !

" Wanagi. Le Départ "
copyright sens-de-la-vie.com

Léger comme plume,
et non couteau dans la plaie.
Craignant mensonges et habitudes,
il n'enferme pas dans le filet des promesses.

Lumière dans la nuit de tempête,
oasis sur le chemin du retour.
Il n'attend pas. Il accomplit.
Temps de fruit et non temps de fleur.

*Il murmure*
*comme le vent dans les grands arbres*
*et chante, comme flûte dans la nuit.*


*La cage est ouverte et vide.*


*Et l'oiseau bleu, libre dans le ciel*
*se pose quand il veut,*
*et repart de même.*

# DEMAIN, IL FERA JOUR

" L'Harmonie du silence "
copyright sens-de-la-vie.com

Longtemps, nous avons cherché
la Voie sur laquelle marcher
pour sortir des brouillards de l'incompréhension.

Où était la clef, la porte, la lumière ?
Pourquoi sommes-nous nés en esclavage ?
A qui appartenons nous ?
L'Eveil est-il un accident pour nos peuples ?

La lumière n'est pas toujours là où on la croit,
et bien des démons ont apparence d'anges...

Mais une volonté contagieuse
a pris naissance sur la Terre,

*Elle court de proche en proche
comme étincelle de feu d'artifice.*

*Et alors même que beaucoup se terrent
pour échapper au malheur,
quelque chose en nous sait :*

*qu'importent ces apparences de dangers
si nous suivons la musique ténue qui nous guide,
l'aube est déjà proche.
Demain il fera jour.*

**Si nous nous mettons debout,
au plus profond de ces souffrances.**

*La Terre sera renouvelée !*

## JE VOGUE ENTRE DEUX MONDES

" La Quête solitaire "
copyright sens-de-la-vie.com

« Sommeil conscient,

Réorganisation de l'être,

de plus en plus léger et harmonieux »

**Je vogue entre deux mondes**
et tandis que de lourdes chaînes
m'attachent encore ici,
je suis en même temps déjà là-bas,
en ce pays promis autrefois à nos pères
et à nous-mêmes.

« Dématérialisation ? »

Tandis que nous pleurons
enserrés dans la douleur de la matière,
déjà des anges de lumière nous visitent
et enlèvent le poids de toute chose.

« *Disparaître ?* »

Combien de fois faut-il mettre le feu à son nid,
avant que de renaître de ses cendres… ?
Bel oiseau bleu,
qui chante pour toujours en mon cœur.

**Je cherche ce qui est stable au cœur de l'impermanence.**

Ce qui est immuable au sein du grand tourbillon vibrant de lumière.

La pierre précieuse
née du chaos primordial.

Bien venus, ces passages devant nos pas.

## LE RETOUR

" Ici, ma soeur. Le Retour "
copyright sens-de-la-vie.com"

*Nous te verrons arriver de loin...*
*marchant, fier,*
*aux côtés de ton vieux cheval fatigué.*

*La vue sur la plaine sera dégagée,*
*notre cœur léger et bondissant de joie,*
*toutes les peines oubliées,*
*la mission accomplie.*

*Tu auras retrouvé l'ancien passage secret,*
*remonté la rivière jusqu'à sa source,*
*jusqu'au jardin des évidences*
*Où notre peuple est réuni.*

*Nous t'appelons depuis toujours !*
*Tu reviens.*
*Nous t'appelons encore !*
*Tu es là.*

*Et si le temps des combats n'est pas terminé,*
*les graines ont été semées.*
*A chacun de trouver son chemin,*
*et de rejoindre les autres.*

**Désormais,**
**le Ciel est Ouvert !**

# LA TERRE EST ÉCLAIRÉE

" L'Envol "
copyright sens-de-la-vie.com

Malgré les heures sombres et difficiles,
exilés en un monde confisqué et devenu hostile,
l'espoir, la paix, la lumière sont là,
peu visibles en ces temps,
mais toujours présents…

Et en notre coeur,
pour toujours

LA TERRE EST ECLAIREE

### AME AOUR

" L'Innocence de l'Aube "
copyright sens-de-la-vie.com

Pourquoi taire ce qui nous illumine ?
Pourquoi dire ce que connaît chaque silence ?
Les mots sont peu de chose….

La douce heure ne suffit - elle ?

**Ame Aour,
nos âmes dans la lumière….**

Dans cette lumière, sans cesse
nous nous déployons, pétale après pétale
nous respirons, nous marchons,
nous dormons, nous veillons, nous dansons.

Le mal, qui veut nous happer,
s'évanouira.

Nos ennemis seront décimés,
Leurs pas s'écarteront à jamais de nos chemins.

A nouveau, nous changerons d'apparences,

**Cette Lumière, elle,
ne passera point.**

La Terre et le Ciel, eux-mêmes s'estomperont,
**Elle, encore, sera là.**

Remuant le monde en tous sens,
nous la cherchions.
Seul, devant nos yeux,
un ultime voile de Temps et d'Espace
nous la cachait.

Alors même que les ombres noires
semblent envahir le monde,
ce n'est qu'apparence,

**Nous sommes en Elle pour toujours.**

**LA TERRE EST ECLAIREE !**

# CROISSANCE

" La séparation "
copyright sens-de-la-vie.com

Il en est du monde,
de sa croissance,
comme des gravures
sur une coquille d'escargot.

**Ondes, d'une impulsion donnée.**

Départ, croissance,
mort et renaissance,
chantent, pleurent et s'élargissent,
accomplissant la Parole antérieure à l'Univers.

Il en est de nous, de nos naissances,
comme de gravures
sur la coquille apparente du monde.

Ronds dans l'eau de l'exigence déposée en nous.

Semence, plant fragile,
fleur éclatante, fruit, mort du fruit,

Semence...

- - - - - - -

" Tout ce qui est manifesté
retournera à l'état non manifesté. "

# LA BONNE ÉTOILE

Copyright Sens-de-la-vie.com

Que rien ne nous effraie !
Les graines semées germeront un jour.
Et si nous semblons mourir,
ce n'est qu'apparence trompeuse,
illusion d'impermanence.


Que rien ne nous trouble !
Toujours les Amours reviennent,
aucune n'est perdue
Et si elles nous semblent mortes,
c'est qu'elles ne méritaient pas ce nom.

Que rien ne nous effraie,
que rien ne nous trouble.
Allons notre chemin tranquillement,
le premier pas suffit.
Et le silence.

**Au plus intime,
la Voix
indique la Voie.**

# *RÉVÉLATION*

" Le Protecteur du troupeau veille"
copyright sens-de-la-vie.com

*Révélation !*
*Accomplissement du destin*
*des âmes entrelacées qui dansent*
*par delà l'espace et le temps*
*Réalisant le Sacre prévu*
*depuis l'aube de l'Univers.*

*Mystère Indicible*
*Que nul ne pourrait comprendre.*

*Seul le cœur de la musique*
*en approche le secret.*

*Biens aimés si loin,
et tout ensemble si proches,
Que nul ne saurait démêler.*

*La tâche à réaliser
n'appelle d'autre gloire
que la Joie de s'accomplir
au secret de la nuit.*

# EPILOGUE

## LE PLUS PRÉCIEUX DES BIENS

" La Félicité "
copyright sens-de-la-vie.com

*Plus libre que toute liberté,
plus reposant que le plus profond des sommeils,
et plus désirable que le plus précieux des biens....*

*Plus joyeux que le plus attendu des moments,
plus harmonieux que le chant des anges,
et plus stable que toutes les permanences,*

*Plus rafraîchissant qu'une pluie d'été
plus doux qu'un amour de rêve,
et plus comblé que la plus débordante des coupes.*

*Ici et maintenant,
Refuge,
Terre Pure…*

*Ce vide en moi.*

# Table des matières

| | |
|---|---:|
| Prologue (Mon frère) | 7 |
| L'abeille dans la lumière du soir | 11 |
| Etrange allégresse | 15 |
| Le secret du luthier | 17 |
| Terre Promise | 19 |
| Une parole sauvage et interdite | 21 |
| Veilleurs au creux de la nuit | 23 |
| Gardiens de la Terre | 25 |
| L'Esprit de la Terre | 27 |
| A-La–Ke | 29 |
| Conscience | 31 |
| L'Esprit du ciel | 33 |
| L'Elfe magique | 35 |
| Trinité | 37 |
| Rester ou partir, et quand ? | 39 |
| Libre dans le ciel ! | 41 |
| Demain, il fera jour | 43 |
| Je vogue entre deux mondes | 45 |
| Le Retour | 47 |
| La Terre est éclairée | 49 |
| Ame Aour | 51 |
| Croissance | 53 |
| La bonne étoile | 55 |
| Révélation | 57 |
| Epilogue (Le plus précieux des biens) | 59 |